Bibliothèque Historique du Dauphiné

L'UNIVERSITÉ

DE GRENOBLE

PAR

Michel REVON

AVOCAT A LA COUR D'APPEL, LICENCIÉ ÈS LETTRES
LAURÉAT DES FACULTÉS DE DROIT

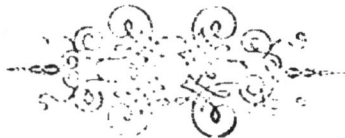

GRENOBLE

Xavier **DREVET**, éditeur

LIBRAIRE DE L'ACADÉMIE

14, Rue Lafayette, 14

1889

L'UNIVERSITÉ

DE GRENOBLE

Bibliothèque Historique du Dauphiné

L'UNIVERSITÉ

DE GRENOBLE

PAR

Michel REVON

Avocat a la Cour d'appel, Licencié ès Lettres
Lauréat des Facultés de Droit

GRENOBLE

Xavier DREVET, éditeur

LIBRAIRE DE L'ACADÉMIE

14, Rue Lafayette, 14

1889

Publication du Journal *Le Dauphiné*

AVIS

Pour rappeler les circonstances dans lesquelles a été prononcée la Conférence que nous publions aujourd'hui, il nous suffira de reproduire ces quelques lignes d'un journal grenoblois (1) :

« Hier soir a eu lieu, au siège de l'Association générale des Étudiants, une fort intéressante conférence, faite par M. Michel Revon, avocat à la Cour d'appel, licencié ès-lettres et l'un des lauréats du Concours général entre les Facultés de droit de France. Un auditoire d'élite, composé de M. le Recteur Jules Gérard, président d'honneur de l'Association, et d'un grand nombre de professeurs et d'étudiants, avait tenu à donner, par sa présence, une marque nouvelle d'intérêt à l'As-

---

(1) La presse a été d'ailleurs unanime dans ses appréciations. Citons notamment l'*Avenir de l'Isère* (6, 7 et 9 février), le *Grenoblois* (des 6, 7, 8 et 9), l'*Eclaireur des Alpes* (6, 7 et 8), le *Petit Dauphinois* (5 février), etc... Ces divers journaux ont publié des comptes rendus ou des résumés de cette brillante conférence ; *Le Dauphiné* seul l'a reproduite en entier. (Voir les nᵒˢ des 10 et 17 février, 3, 10, 17, 24 et 31 mars, 7 avril 1889).

sociation et de sympathie à notre jeune conférencier. Nous avons remarqué dans l'assistance, outre M. le Recteur, MM. Charaux, Bertrand, Morillot, professeurs à la Faculté des Lettres ; MM. Trouiller, Tartari, Fournier, Beaudouin, Balleydier, Raoul Jay, professeurs à la Faculté de Droit ; des notabilités grenobloises, MM. Edmond Maignien, conservateur de la Bibliothèque de la Ville ; Gabriel Monavon, etc. Les applaudissements les plus flatteurs ont accueilli cette brillante conférence, toute d'actualité, et qui rappelait tant d'événements et de souvenirs chers au patriotisme de Grenoble... »

L'Editeur.

L'UNIVERSITÉ DE GRENOBLE

CONFÉRENCE DE M. MICHEL REVON

A l'Association générale des Etudiants

Monsieur le Recteur,
Messieurs,

Je dois vous entretenir ce soir de l'Université de Grenoble.

C'est chose bien curieuse à lire que l'histoire de cette petite Université, si vivace et si vaillante, qui, créée déjà au milieu du XIVe siècle, réorganisée au XVIe, en pleine Renaissance, puis parvenue, a près des fortunes diverses, jusqu'au plein épanouissement de ces dernières années, a compté dans son sein tant de maîtres d'élite et donné à la France tant d'hommes distingués. Combien de villes peuvent s'enorgueillir d'une institution scientifique aussi ancienne, aussi longtemps pleine de vie et d'éclat ?

Pourtant, l'histoire de l'Université de Grenoble est peu connue des Grenoblois. Beaucoup ignorent les pages brillantes de ses annales ; quelques-uns se doutent à peine qu'elle a jadis existé. Et je le dis par expérience; car, pour vous parler en toute franchise, il y a deux ou trois semaines, je me trouvais dans ce dernier cas. Mais, lorsque des amis ont bien voulu m'engager à faire une causerie à l'Association, il m'a semblé que c'était en quelque sorte, pour un étudiant de Grenoble, un devoir de reconnaissance, que d'entreprendre de préférence quelques recherches sur les origines et le développement de nos Facultés. J'ai donc étudié de mon mieux les documents, malheureusement assez rares, que nous possédons sur cette histoire, soit les travaux précieux de Berriat-Saint-Prix, de M. La Bonnardière, de notre savant doyen M. Gueymard, soit surtout les pièces originales que renferment les bibliothèques et les archives. J'aurais ici à exprimer bien des remercîments sincères ; je ne le puis, sous peine d'égrener devant vous tout un chapelet de noms (car ce ne sont pas les hommes obligeants qui font défaut à Grenoble); permettez-moi pourtant de ne point passer sous silence l'aimable archiviste-paléographe dont s'honore notre Faculté de droit, je veux dire M. Paul Fournier. Ce juste tribut de gratitude rendu, j'aborde sans plus tarder le sujet de cette causerie.

J'étudierai surtout l'ancienne Université, celle de l'ancien régime, — sa première création au XIVᵉ siècle, sa renaissance brillante au XVIᵉ, puis sa décadence et sa suppression. Je vous dirai enfin quelques mots rapides de l'Université nouvelle, telle qu'elle existe depuis sa réorganisation à l'époque du premier Empire.

I. *L'ancienne Université.* — *Sa création* (XIVᵉ siècle).

Quand on veut établir une Université, le premier

soin doit être de choisir une place et un milieu favorables. Or, à ce point de vue, la ville de Grenoble n'offre-t-elle pas les plus précieux avantages ? Conditions physiques, conditions morales, tout en elle semble propice à une telle fondation.

Et d'abord, quel lieu mieux approprié, par sa simple disposition naturelle, aux tranquilles études et aux travaux de l'esprit ? La ville de Grenoble repose au sein d'une vallée magnifique, dans un cirque de montagnes pittoresquement groupées; dé tous côtés, des paysages admirables, des sites alpestres qui sont comme une fête perpétuelle pour le regard. Gravissez une de ces montagnes et, du sommet, regardez la plaine. Contemplez, dans le lointain bleuâtre, cette ville à la fois tranquille et laborieuse, qui semble travailler doucement et sans se presser, pour ainsi dire, écoutez bruire son murmure vague et calme, — puis, comparez tout cela à la vie agitée, tumultueuse des grandes cités —, et dites-moi si cette paix de la nature, cette sérénité des paysages grenoblois n'est pas le plus merveilleux cadre d'études qu'il soit possible de rêver ?

Ensuite, voyez les habitants : population active et tenace, pleine d'indépendance intime et d'entêtement contenu, ville de braves gens et de bons vivants, amis du travail, amis aussi des choses supérieures et des jouissances de l'esprit, profondément amoureux surtout du droit et de la justice, légistes d'instinct (ce trait est à noter), bref cachant sous des apparences parfois un peu ternes et un peu atténuées les plus solides et les plus sérieuses qualités. C'est comme ces noisettes des fées où l'on trouvait un diamant, quand on en avait ouvert l'enveloppe... Seulement, il fallait l'ouvrir.....

*

Et c'est ce que sut faire le dauphin Humbert II, en proposant à ses chers Grenoblois la création d'une Université dans leur ville. Humbert II, qui fut le dernier prince indépendant de Dauphiné (car il devait vendre bientôt ses Etats au roi de France), était un homme doué de plus d'ardeur que de raison et de beaucoup moins de bon sens que d'enthousiasme chevaleresque. Il entreprit mille réformes coûteuses, sema partout des fondations insensées qui épuisèrent son trésor, se mit par pure vanité à la tête d'une croisade qui lui valut des dettes au lieu de gloire et, une fois ruiné, finit par aller mourir dans un couvent de Frères prêcheurs. Pourtant, entre les nombreux établissements que fit surgir sa prodigalité dépensière, il en est deux qui méritent d'être mis tout-à-fait à part; car ils rachètent bien des folies. Le premier fut le Conseil delphinal, créé à St-Marcellin en 1337, transféré à Grenoble en 1340, et d'où allait naître, un siècle plus tard, ce grand Parlement dauphinois, longtemps l'orgueil de notre province et le gardien de ses libertés. La seconde fondation, ce fut l'Université de Grenoble.

Humbert II, en effet, dans les fréquents voyages qu'il fit à la cour de France, avait pu voir le fonctionnement admirable de l'Université de Paris, affermie déjà par un siècle de triomphes, sûre d'elle-même désormais, forte de la gloire de ses professeurs, du nombre de ses étudiants, puissante par l'éclat de ses chaires, l'influence de ses doctrines et les hautes distinctions cléricales qu'obtenaient presque à coup sûr ses élèves les plus brillants. Il avait entendu parler aussi des cinq grandes écoles provinciales déjà fondées à cette époque, celles d'Avignon, d'Orléans, de Cahors, celles surtout de Montpellier et de Toulouse, qui fournissaient alors au Dauphiné ses juristes et ses médecins. Rien d'étrange donc si ce prince, curieux de toutes les nouveautés, toujours en quête de quelque création capable d'illustrer son règne, eut l'idée de fonder à Grenoble un établissement pareil.

Dans ce dessein, il s'adressa au pape. C'était en effet l'Eglise, alors au fort de sa puissance ou pour mieux dire au plein de son âge d'or, qui conservait pieusement le saint dépôt des traditions littéraires ; c'était le pape qui, du haut de son siège apostolique, dirigeait en toute nation les études, provoquait çà et là l'ardeur de savoir, l'étincelle de l'enthousiasme scientifique, l'éveil de tous ces clairs foyers qui jetaient sur le monde chrétien une si éclatante lumière. Humbert écrivit donc au pape, c'est-à-dire à Benoît XII.

Benoît XII lui répondit, au mois de mai de l'an 1339, par deux bulles autorisant la création projetée. Il permettait aussi la collation des diplômes de licence et de doctorat; mais c'est à l'évêque de Grenoble lui-même qu'il conférait ce dernier droit, car toute Université naissait alors à l'ombre de l'église épiscopale. Les archives de l'évêché possèdent une copie authentique, datée de 1346 et récemment découverte, de ces deux bulles si importantes pour nous. C'est une charte de cinquante centimètres carrés, un peu rongée par la dent des rats, mais assez lisible cependant pour que M. le chanoine Auvergne en ait pu restituer le texte. Permettez-moi de vous lire en entier la traduction fidèle de l'une de ces bulles ; de tels documents ont en effet une saveur particulière qui, mieux que les phrases vagues des historiens, donne l'impression directe des faits et permet de bien goûter le caractère propre d'une époque.

Voici donc la première bulle, que je choisis comme
la plus courte : — « Benoît, évêque, serviteur des
serviteurs de Dieu (pour la perpétuelle mémoire de
la chose) : — Considérant avec une sollicitude atten-
tive combien c'est une chose précieuse que l'étude de
la sagesse, combien glorieuse et désirable est sa possession, parce qu'elle dissipe complètement les te-
nèbres mortelles de l'ignorance, et permet à l'homme
qui l'a acquise et qui en jouit de disposer et d'or-
donner ses actions et sa conduite dans la pleine
lumière de la vérité, nous appliquons tous nos soins
à ce que les études et l'enseignement des belles-
lettres, dans lesquelles se trouve la perle précieuse
de la science, prennent partout de louables accrois-
sements, et se fortifient plus aisément dans les lieux
surtout qui sont reconnus plus propres à favoriser la
multiplication des semences de la vraie doctrine, et à
en produire les germes salutaires. — C'est pourquoi,
et attendu que la ville de Grenoble, en raison des
nombreuses commodités et des conditions avanta-
geuses qu'elle présente, est singulièrement approprié
à l'établissement d'une Etude générale (une Université), nous avons pensé qu'il importe souverainement
à l'intérêt public qu'il se forme dans ladite ville comme
une pépinière d'hommes adonnés au culte de la
science et capables de produire en leur temps, avec
la grâce divine, des fruits abondants. — Aussi, soit à
raison des considérations qui précèdent, soit à raison
de la pureté d'une foi sincère et des sentiments de
parfait dévouement que notre bien-aimé fils noble
Humbert, dauphin de Viennois, s'empresse de
témoigner envers nous et envers le Saint-Siège apostolique dans les humbles supplications qu'il nous a
adressées à ce sujet, suivant notre disposition à

exaucer ses demandes à cet égard, de notre autorité apostolique et par la teneur des présentes, nous accordons par indult qu'il y ait désormais dans ladite ville de Grenoble une Etude générale comprenant le droit canonique et civil, la médecine et les arts ; que les maîtres y enseignent et que les écoliers y étudient et y écoutent leurs leçons en toute liberté, dans les Facultés susénoncées , et que dans ces mêmes Facultés, ceux qui auront été jugés dignes d'être décorés du titre de maîtres, en exercent librement tous les droits et jouissent de tous les privilèges attachés à ce titre. Que personne donc absolument n'ait la licence d'enfreindre cette page de notre concession ou d'y contrevenir par une audace téméraire. Mais si quelqu'un était assez présomptueux pour y attenter, qu'il sache qu'il encourrait l'indignation du Dieu tout puissant, et des bienheureux apôtres Pierre et Paul. — Donné à Avignon le trois des ides de mai, l'an cinquième de notre pontificat. »

En vertu de ces bulles pontificales du mois de mai 1339, Humbert II rendit, le 25 juillet suivant, une ordonnance ayant pour objet d'assurer le sort de la nouvelle école et d'en régler l'administration. Cette ordonnance est comme la grande charte de la jeunesse universitaire, le témoignage écrit de la protection dont l'entoure amoureusement le dauphin, le livre d'or des faveurs et des nombreux priviléges qu'il se plait à lui accorder. Une telle pièce ne manque pas de piquant, pour des étudiants du XIXe siècle ; sa lecture vous ferait sans doute sourire ; mais comme elle est un peu longue, je me contente de l'analyser.

D'après cette charte, professeurs et étudiants sont placés sous la protection particulière du prince, qui leur promet de les venger des délits ou injures quelconques dont ils pourraient être l'objet. Ils ont le droit de circuler librement à travers toute la province, sans être astreints à aucun péage ou gabelle pour leurs personnes, leurs livres et leurs bagages. En cas de guerre avec le comte de Savoie ou tout autre prince, les étudiants de l'Université qui appartiennent à la nation ennemie ne peuvent être pris comme otages ni molestés à titre de représailles ; si leurs études sont troublées par suite des hostilités, le dauphin doit leur faire rendre justice dans le délai de dix jours. Toutefois, en temps de guerre, il se réserve toujours le droit d'expulser les étrangers dont les allures lui paraîtraient suspectes, mais avec un sauf-conduit leur permettant de retourner sans danger dans leur patrie. Après ces privilèges qui garantissent aux étudiants une vie tranquille et paisible, le dauphin leur en accorde d'autres qui leur assurent la vie commode et à bon marché. Chaque année, on emmagasinera dans la ville de grandes provisions de blé tirées de ses propres domaines, pour les faire vendre aux seuls étudiants et au plus bas prix possible ; de plus, comme naturellement leur bourse est souvent « pleine d'araignées », de même que celle du poète latin, on leur fait crédit pour le paiement durant une année entière. Pareillement, interdiction d'exporter hors du Graisivaudan aucune viande de boucherie. Lorsque le prince ou la dauphine, au cours de leurs voyages, viendront à traverser Grenoble, les officiers de leur suite ne pourront coucher de force dans les lits des étudiants, sous peine de destitution. Par contre, les citoyens qui auraient prêté aux jeunes protégés d'Humbert II un certain nombre de lits, seront dispensés de quelques taxes. Enfin, pour empêcher le renchérissement du bois et du charbon, qui s'engouffrent dans les forges et martinets situés aux environs de la ville, la suppression de ces établissements est ordonnée dans un rayon de trois lieues et dans le délai de trois mois, « attendu, observe un historien, que le froid est l'ennemi des fonctions de l'esprit. »

L'Université était fondée. Son avenir semblait plein de promesses. Pourtant, les documents peu nombreux que nous possédons sur cette période démontrent que la jeune école n'eut point le développement désiré. Des quatre chaires annoncées par le souverain pontife, celles de droit civil et de droit canonique furent seules occupées, le clergé et la magistrature pouvant offrir abondance de docteurs. Mais les belles-lettres ne paraissent pas avoir jamais été enseignées, et pour la médecine, il eût été difficile de trouver des professeurs convenables parmi les empiriques et les barbiers qui se partageaient alors l'exploitation des malades. Quant à faire venir des maîtres étrangers, on ne le put, faute de ressources.

L'Université dauphinoise, cette chère création d'Humbert II, ne tarda donc point à languir et à disparaître. Grenoble ne sut pas conserver cette précieuse perle du savoir, « *margarita scientiæ* », dont parlait le pape dans son gracieux langage ; et je pourrais dire aussi, sans faire un contre-sens autrement que dans l'apparence des mots, cette « marguerite philosophique » ; car les hommes de ce temps avaient coutume de désigner la science sous le poétique emblème de la marguerite, de la fleur au disque d'or tout rayonnant de blancs pétales, pareille pour eux au génie humain qui, assemblant autour d'un centre unique toutes les connaissances du siècle, projette de toutes parts sa radieuse lumière et son éclat resplendissant.

1452

A quel moment précis l'Université d'Humbert II disparut-elle ? On ne le peut dire exactement. En tout cas, elle ne paraît guère avoir survécu au règne de son fondateur. Les historiens ont en effet remarqué qu'à partir de l'an 1345, aucun texte ne le mentionne, et un siècle plus tard, en 1652, lorsque le dauphin Louis, le futur roi Louis XI, voudra créer l'Université de Valence, il affirmera sans conteste que dès longtemps aucune école semblable n'existait en Dauphiné.

Je me suis attardé volontiers à cette première période de notre histoire universitaire. Il n'était pas sans intérêt, à mon sens, d'insister particulièrement sur ces origines lointaines et peu connues. Mais avant de quitter le XIVe siècle, permettez-moi une dernière observation : c'est que, durant ces quelques années d'essais, le fait le plus caractéristique peut-être est l'étroite et intime union du Conseil delphinal et de l'Etude générale, de l'Université et du Parlement. Ces deux institutions, en effet, sont issues d'une même pensée ; le même fondateur les a établies et rapprochées l'une de l'autre, afin qu'elles pussent vivre ensemble et s'entr'aider harmonieusement. Lisez l'ordonnance du 1er août 1340, qui transfère le Conseil delphinal de St-Marcellin à Grenoble ; on y apprend que, sur sept conseillers qui composeront la cour, quatre doivent être attachés comme professeurs à l'Ecole nouvelle. Voyez les annales du Parlement ; vous y pourrez compter au moins quatre présidents et deux chanceliers fournis au Conseil par l'Ecole, dans ses six ou sept ans d'existence. Cette solidarité intelligente, cet heureux support mutuel des deux institutions amies, vous les retrouveriez aisément aussi et à maintes reprises dans la suite. D'où je conclus que, par cette communauté d'origine et de développement, par tous ces liens que la vie provinciale a longuement resserrés, les deux compagnies ont contracté comme une alliance indissoluble. Peut-être n'est-il pas inutile, à l'heure présente, de rappeler ces quelques faits, pour ceux de nos contemporains qui seraient tentés de les méconnaître. Ces traditions sont un enseignement. Pourquoi vouloir séparer aujourd'hui ce qu'ont uni cinq siècles d'histoire ?

II. — *La renaissance de l'Université* (au XVIᵉ siècle).

Herbert Spencer fait observer quelque part, dans ses ouvrages sociologiques, qu'on peut appliquer très heureusement aux institutions humaines la parabole évangélique du semeur. De temps en temps, dit-il, on sème des institutions nouvelles et elles ne germent pas, ou bien après avoir germé, elles meurent faute d'un terrain convenable, jusqu'à ce qu'enfin elles soient semées dans des conditions qui leur permettent de prendre racine et de fleurir. Or, ne semble-t-il pas que cette ingénieuse comparaison d'H. Spencer ait été faite tout exprès pour l'Université dont nous esquissons l'histoire ? Dès le XIIIᵉ siècle, en effet, on voit à Grenoble des tentatives d'enseignement supérieur ; mais l'Université ne perce pas encore. Au XIVᵉ, elle vient au jour, semée par ce fécond semeur qui s'appelait Humbert II ; mais elle ne tarde pas à dépérir, faute de ressources suffisantes. C'est seulement au XVIᵉ siècle qu'elle prend solidement racine, dans le milieu nourricier de la renaissance, et qu'elle refleurit enfin d'une riche et puissante floraison.

C'est donc après un sommeil de deux siècles que

l'Université s'est réveillée. L'honneur en revient au Conseil de ville et au gouverneur du Dauphiné. Vous savez que le Dauphiné était alors uni définitivement à la France; le gouverneur, depuis 1527, se trouvait être François de Bourbon, comte de Saint-Pol et grand-oncle d'Henri IV. Or, le 16 août 1542, il proposa aux consuls de restaurer l'Université disparue, considérant, disait-il « que ladite ville de Grenoble est plus propice à présent et commode audit estude et Université, tant ès droits canon et civil, médecine que aultres arts, quelle n'estoit lorsqu'elle fut délaissée et discontinuée, tant pour le passage qui est par ladicte ville, que pour le Parlement, par le moyen duquel y sont résidans plusieurs bons docteurs et maistres esdites facultés, plusieurs personnages jeunes et aultres désirans savoir et fuir oysiveté. » Naturellement, le Conseil accueillit joyeusement celte pensée. Depuis un siècle, Valence possédait une Université prospère ; les Grenoblois la considéraient avec une certaine jalousie, bien naturelle pour qui songe aux profits matériels qu'en retirait la cité. On s'explique donc l'empressement que mit le Conseil a accepter l'idée d'une Ecole rivale.

Aussi les formalités préliminaires furent-elles menées rapidement. Le 19 septembre eut lieu l'installation officielle, dans le réfectoire des Cordeliers (à la place qu'occupe aujourd'hui la Citadelle), et en présence du Conseil de la ville. C'étaient en effet les consuls qui prenaient à leur charge toute la direction de l'enseignement, toute la responsabilité et les soins de l'administration ; désormais l'Ecole de Grenoble n'était plus la chose d'un dauphin, mais devenait véritablement l'Université de la ville. Elle dut comprendre trois chaires : théologie, médecine et droit.

Son chancelier, conservateur et gardien de ses privilèges, était l'évêque Laurent II Alleman, qui fut
installé dans la grande salle du palais épiscopal,
affectée aux cérémonies de la collation des grades.
Plus tard, en 1547, Henri II approuvera cette fondation d'une manière définitive ; il accordera aux professeurs et aux étudiants les immunités dont jouis-
saient déjà ceux d'Orléans et de Toulouse, et donnera
aux maîtres gradués le droit d'élire eux-mêmes leur
recteur.

Arrêtons-nous quelques instants sur cette période
brillante. L'Université est alors en pleine gloire. Les
étudiants se pressent en foule au couvent des Cordeliers ; la ville n'épargne rien pour y attirer les professeurs les plus illustres. Je ne puis passer en revue
tous ces maîtres d'élite, venus des nations les plus
diverses pour nous prêter l'éclat de leur savoir et de
leur renommée européenne. Qu'il me suffise de citer
Matthieu Gribald, seigneur de Fargies, près Genève ;
Jérôme Atheneus, de Vicence, Hector Richerius,
d'Udine en Frioul, auteurs de manuels de droit un
peu indigestes, et qui ont trouvé dans la suite de
dignes continuateurs ; Jean de Boyssonne, ami de
Rabelais, d'Etienne Dolet, de Marot, et professeur de
Michel de l'Hôpital ; Pierre Bucher, à la fois procureur
général au Parlement et recteur de l'Université, par-
dessus tout excellent catholique, comme en témoigne
une petite aventure que nous noterons en passant, car
elle peint bien les mœurs de l'époque.

L'anecdote se rattache aux vieilles représentations
des mystères, très populaires jadis en Dauphiné.
Imaginez une haute maison de bois, élevée sur une
vaste place ; elle est ouverte en entier du côté des
spectateurs ; à l'intérieur, plusieurs étages super-

posés, et dans chacun, divers appartements ou lieux de scènes. Or, en 1535, à la Pentecôte, on y jouait le mystère de la Passion : — Une représentation de quatre jours entiers, sauf deux heures d'interruption pour les repas ; 41,000 vers répartis en 86 actes. Le recteur Pierre Bucher avait accepté le rôle de Jésus-Christ, qui comptait 3,400 vers et qui soumettait l'acteur à des jeux scéniques peu agréables. Comme exemples de ces exercices bizarres, j'indiquerai la scène de la tentation, où Jésus est brusquement enlevé au sommet d'une montagne ; celle de la transfiguration, où il reste suspendu à un fil pendant 128 vers ; celle du crucifiement et de la descente de la croix, pendant lesquelles le patient ne subit pas moins de 1,300 vers exécutifs. Peut-être ces perspectives menaçantes effrayèrent-elles au dernier moment le malheureux jurisconsulte, car il voulut s'excuser. Par bonheur, les consuls veillaient ; d'urgence, ils se réunissent et contraignent Bucher à s'exécuter sous la menace d'un procès devant le Parlement. La délibération est aux archives.

Mais de tous ces docteurs, le plus célèbre fut sans contredit Govéa. On trouve en lui un parfait exemplaire et comme le type idéal du professeur de droit au XVIme siècle. Au reste, le président Favre, qui le considérait comme le plus génial de tous les interprètes du droit romain, n'affirmait-il pas que sa réputation eût surpassé celle de Cujas lui-même, s'il eût été moins paresseux et plus soucieux d'écrire ses leçons ? Permettez-moi donc de vous retracer sa vie en quelques mots, d'après un savant mémoire de M. Caillemer. Cette courte biographie vous donnera, je crois, l'impression vraie qu'on doit retenir de cette période où les professeurs, armés en guerre, cuiras-

sés d'érudition, se lançaient dans la mêlée dialectique
avec une fougue enthousiaste, où ils passaient leur
temps à voyager d'Université en Université, transportant
partout le flambeau d'une science parfois plus ardente
que lucide, et ne se reposant qu'après avoir emporté
de vive force la gloire bruyante qu'ils rêvaient.

C'est dans une petite ville de Portugal, au com-
mencement du XVIᵐᵉ siècle, que naît Antoine Govéa.
De bonne heure, il se rend à Paris pour y achever ses
études. Le voilà entré dans un milieu d'aspect assez
pittoresque, et dont les travaux ne laissent pas d'éveil-
ler un certain étonnement chez des jeunes gens
modernes. Les étudiants, c'est Michel de l'Hôpital qui
l'atteste, se lèvent, même en hiver, à quatre heures
du matin. Après une préparation laborieuse, ils vont
recevoir avec respect l'enseignement de leurs maîtres.
Rentrés chez eux, c'est à qui s'empressera de vérifier,
de discuter, de retourner de toutes façons les textes.
Le soir, s'ils cherchent un délassement, c'est dans la
lecture de Sophocle ou d'Euripide, de Plaute ou de
Cicéron. Ce programme, assez peu séduisant pour
des esprits de notre époque, Govéa l'accepte avec
ardeur. Philosophie, belles-lettres, poésie, jurispru-
dence, il veut tout lire, tout pénétrer. Reçu maître
ès arts à Paris, il entreprend aussitôt des voyages
d'études en province, à Bordeaux, Toulouse, Avignon,
Lyon. C'est une passion de savoir, une curiosité de
comprendre telle qu'on ne la rencontre guère que chez
ces hommes du XVIᵐᵉ siècle.

Mais voici qu'une heureuse occasion va permettre
au jeune docteur de mettre son talent en lumière. En
1536, un étudiant en philosophie se présente devant
la Faculté de Paris, pour obtenir le diplôme de maître
ès arts, avec une thèse ayant pour titre cette scanda-

leuse assertion que tout est mensonge dans Aristote : *Quæcumque ab Aristotele dicta essent, commentitia esse.* Puis, le jeune penseur ouvre des cours, écrit des livres où il foudroie avec vigueur le Maître et ses partisans. Vous avez déjà nommé Ramus. L'Université, d'abord stupéfaite, songe bientôt à réprimer ces nouveautés périlleuses; l'affaire est portée devant la Grand'Chambre du Parlement, et François Ier désigne une commission extraordinaire pour trancher le différend. Or, quel docteur choisit-on pour être l'avocat, le champion autorisé d'Aristote? C'est Govéa, — Govéa qui arrache aux juges une condamnation sévère contre le malheureux Ramus.

Ce succès bruyant semblait devoir l'entraîner plus que jamais vers la métaphysique. Pourtant, il abandonne brusquement ce genre d'études pour se plonger tout entier dans le droit. Il professe successivement à Toulouse, à Cahors, où il est remplacé par Cujas, puis à Valence, enfin à Grenoble, où il enseigne durant sept années, de 1555 à 1562. A Grenoble, l'heureux rival de Cujas écrit de nombreux ouvrages, conçus dans un esprit nouveau et original. On peut regretter que de tels livres aient trouvé à notre époque plus d'éloges que de disciples et plus d'estime que de lecteurs..... Pour lui, plus de ces gloses pédantes qui enveloppent les lois romaines d'un voile lourd et épais ; plus de ces commentaires alambiqués qui obscurcissent infailliblement une œuvre, sous prétexte de l'éclaircir ; rien que l'étude des originaux, l'impression franche et directe des textes ! Vous reconnaissez déjà le professeur libéral à qui Ronsard rendait cette justice qu'il n'avait jamais eu du pédant que la robe et le bonnet. Les Romains ne sont-ils pas, s'écrie-t-il, des guides plus sûrs que les glossateurs ? Soutenir que la lecture de leurs œuvres immortelles ne peut nous instruire, à elle seule, n'est-ce pas avouer la faiblesse et l'impuissance de sa raison ? Le droit romain n'a-t-il pas vécu longtemps sans ses interprètes ; et Justinien lui-même n'interdisait-il pas de commenter son œuvre législative, comme le plus sûr moyen d'en assurer la droite interprétation ? Revenons donc à l'étude patiente des jurisconsultes de Rome ; évitons ces subtilités qui déconcertent le jugement, toutes ces mauvaises herbes qu'Accurse et ses émules ont amoncelées en si grand nombre que maintenant c'est à peine si trois âges entiers de Nestors suffiraient à les arracher. A cette fin, appelons au secours du droit la philosophie et l'histoire, l'histoire surtout, cet hameçon d'or dont parlait Cujas, et grâce auquel l'interprète saisit d'une manière plus sûre le sens mystérieux des lois. Enfin, que le jurisconsulte s'attache, par le commerce assidu des grands classiques, à faire étinceler ses écrits de cette forme littéraire, élégante et pure, sans laquelle les meilleures œuvres ne tardent pas à tomber dans l'oubli. C'est seulement par le concours de toutes ces ressources diverses que le juriste pourra créer des œuvres vraiment supérieures, dignes d'occuper le premier rang dans la hiérarchie des sciences sociales.

Rien d'étrange si un esprit aussi hardi et aussi large put inquiéter, par son humeur indépendante, non seulement le pédantisme des Bartolistes, mais aussi l'orthodoxie des théologiens. L'amour du libre examen est une vieille tendance chez les juristes. A l'époque que nous étudions, c'est à qui d'entre eux embrassera le parti de la réforme. Il est reçu comme adage que tout bon jurisconsulte doit être un mauvais chrétien : « *Omnis jureconsultus male de religione*

sentit ; bonus jureconsultus, ergo malus christianus.»
Govéa suivit-il le mouvement? On l'ignore. D'une
part, en effet, les catholiques le persécutent. De
l'autre, les protestants le considèrent contre un
ennemi déclaré : « *Goveanus*, écrit Hubert Languet à
son ami Melanchton, *Goveanus, professor Gratiano-
poli sceleratus.* » N'est-ce pas le cas d'appliquer cette
réflexion judicieuse de je ne sais plus quel moraliste:
« Que j'ai confiance, s'écriait-il, dans les hommes
qu'on lapide des deux côtés à la fois ! » Calvin était
peut-être dans le vrai lorsqu'il voyait en Govéa « un
incrédule et un athée », c'est-à-dire, sans doute, un
de ces esprits assez intelligents ou assez sceptiques
pour ne point abandonner avec éclat leur religion
native... au profit d'une autre religion. Quoi qu'il en
soit, inquiété à Grenoble, il finit par accepter l'hospi-
talité gracieuse de Marguerite de Savoie, fille de
François Ier. Nous le voyons enseigner paisiblement
dans les états de cette princesse, à Mondovi, puis à
Turin. Là il reçoit comme dernier hommage le titre
de sénateur; il y meurt en 1566, à l'âge de soixante
ans.

J'ai tenu à vous raconter cette vie de Govéa ; car
elle peint bien l'existence agitée et le caractère mili-
tant des professeurs du XVIme siècle, notamment des
professeurs grenoblois. Mais quels étaient maintenant
la vie et les mœurs des étudiants? J'en ai déjà dit
quelques mots, à propos du séjour de Govéa dans la
capitale. A Grenoble, les étudiants réglaient leur
journée à peu près de la même manière. Nous pouvons en juger d'après un manuscrit rédigé à la fin du
XVIme siècle par un clerc nommé Griffon, et qui contient
le résumé des leçons de Pierre Loriot, professeur à
Valence, puis à Grenoble. Sur l'une des pages de ce

manuscrit est un programme d'études daté de 1577 ;
il indique la distribution des divers travaux de la
journée, les heures où l'étudiant apprendra tel texte de
lois ou bien lira tel commentaire des docteurs auto-
risés. Ces travaux duraient du 18 octobre, jour de la
Saint-Luc, jusqu'au 15 août, fête de l'Assomption et
terme de l'année scolaire. La grande affaire, alors
comme aujourd'hui, était la collation des grades.
Nous possédons plusieurs diplômes de bacheliers ou
de docteurs qui décrivent la cérémonie. Les épreuves
étaient publiques. Le candidat, présenté par deux
professeurs, était argumenté ensuite par les docteurs
et les élèves de l'Université, en présence de membres
du Parlement qui assistaient à la soutenance.

Dans la ville, les étudiants charmaient de leur mieux
leurs loisirs. Ils n'étaient pas encore parvenus au plus
haut degré de l'art, puisqu'ils ignoraient l'usage du
monôme. Pourtant on eût pu entrevoir déjà, dans les
longues processions dont ils égayaient parfois leurs
fêtes corporatives, comme une ébauche primitive de
cette belle institution. Il était réservé au XIXᵐᵉ siècle,
ce siècle de toutes les gloires et de tous les grands
progrès, de lui donner enfin sa forme triomphante et
définitive. Cependant, nos prédécesseurs du XVIᵐᵉ siècle n'octroyaient pas non plus une tranquillité perpétuelle aux bourgeois et aux philistins, Ils allèrent
même jusqu'à organiser un jour une petite émeute
contre leurs bienfaiteurs les Cordeliers. Ce fait
mémorable se passa à la rentrée de 1546. Les Cordeliers refusaient de prêter plus longtemps leur
réfectoire comme salle de cours ; ils en fermèrent
donc l'entrée. Aussitôt les étudiants, excités par le
conseil de ville, se précipitent en foule au couvent ;
ils enfoncent les portes, entrent de vive force, malgré

la résistance des religieux ; une bataille s'engage : le
frère Fiquet saigne du nez ; tables et bancs sont
transformés en projectiles et volent entre les combat-
tants ; enfin la victoire reste, — comme toujours, —
à la jeunesse universitaire, qui s'installe de nouveau
dans le couvent reconquis et continue paisiblement
ses études.

Telle était l'Université de Grenoble au milieu du
XVIᵐᵉ siècle, florissante, active, bien organisée,
célèbre au loin par le talent renommé de ses professeurs. Pourtant, elle allait bientôt tomber dans une
décadence inattendue, pour aboutir enfin rapidemen'
à une brutale suppression. Quelles furent les causes
de ce fait bizarre? C'est ce qu'il nous reste à expli-
quer.

III. — *La Décadence de l'Université.*

J'ai déjà dit que la jeunesse universitaire et l'élite
de ses professeurs étaient sympathiques à la Réforme.
En 1560, le gouverneur porta plainte devant le conseil de ville contre quelques-uns d'entre eux. Gribald, formellement accusé d'hérésie, dut abandonner
sa chaire. Govéa ne s'y maintint quelque temps que
grâce à l'autorité de sa valeur personnelle, mais fut
aussi contraint de se retirer peu après. Durant quelques années, Grenoble fut en proie aux plus vives
querelles religieuses ; des luttes sanglantes s'ensui-
virent ; l'Université suspendit ses cours. Enfin, en
1564, les troubles s'étant apaisés, le conseil la réor-
ganisa. Il y appela des professeurs nouveaux, tels
que le fameux jurisconsulte comtois Pierre Loriot, qui
arrivait de Valence, après avoir enseigné longtemps
à Bourges et à Leipzig. Le conseil voulut aussi que

l'Ecole fût rouverte sous la direction d'un recteur et de deux bacheliers, l'un catholique et l'autre hugue- not, auxquels toute allusion religieuse était interdite dans leurs rapports avec les étudiants. Il semblait donc que l'émotion fût définitivement calmée.

Cependant, au mois de janvier 1566, le conseil ap- prit, non sans stupeur, que depuis presque une an- née l'Université de Grenoble n'existait plus. Des lettres-patentes, obtenues sans bruit par les consuls de Valence, l'avaient unie secrètement à l'Ecole de cette dernière ville. Grand émoi dans notre cité ; les protestations étaient d'autant plus vives que le coup avait été plus brutal. On refusait de croire à une me- sure aussi injuste et aussi arbitraire. Les consuls ordonnèrent donc aux maîtres de continuer leurs cours, envoyèrent des magistrats à Paris pour expo- ser leurs plaintes légitimes, et interjetèrent appel devant le Conseil privé. Mais toutes les démarches furent inutiles. De nouvelles lettres données à Mou- lins, le 12 février 1566, confirmèrent la suppression prononcée, et le Conseil privé, par arrêt du 6 juin 1567, rejeta l'appel de Grenoble.

Les motifs allégués en faveur de cette décision n'étaient pas d'une grande force. On invoquait la su- périorité de Valence au point de vue des avantages matériels : salubrité du climat, bon marché des vi- vres, commodité des logements. On prétendait que Grenoble, ville riche en établissements publics, souf- frirait peu d'une privation qui, au contraire, faisait la fortune de Valence. Par-dessus tout, on accusait les professeurs grenoblois d'être « mal sentant la foi chrétienne. » A vrai dire, c'est aux rancunes jalouses des consuls valentinois, dépités de voir leurs plus célèbres professeurs, Gribald, Govéa, Loriot les abandonner pour Grenoble, c'est à leurs intrigues cachées, c'est surtout aux efforts de l'évêque Jean de Montluc pour exploiter la passion religieuse de Charles IX en faveur de sa ville épiscopale, que notre Université dut d'être sacrifiée à des intérêts particuliers.

Aussi ne cessa-t-on de protester, à maintes reprises, mais toujours en vain, pendant le XVIe, le XVIIe et même le XVIIIe siècle. Lesdiguières prit la chose à cœur, sans succès. En 1732, le Parlement obtint un arrêt du conseil instituant une commission pour étudier à nouveau l'affaire ; elle émit le vœu qu'on supprimât les Universités d'Orange et de Valence, pour les transférer à Grenoble. Même décision en 1744. D'Aguesseau y était favorable. En 1764, le conseiller de Saussin fit en ce sens aux chambres assemblées un rapport qui fut présenté au roi. En 1771 enfin, après la réforme de Maupeou, le premier président Vidaud de Latour soutint encore les revendications de Grenoble. Tous ces efforts devaient rester vains; ils n'en méritent pas moins d'être rapportés comme un témoignage de plus en faveur du Parlement dauphinois et de son patriotisme tenace. D'ailleurs, s'il pouvait rester quelques doutes sur l'imprudence du coup qui avait ruiné l'Université de Grenoble, ils disparaîtraient à la vue des effets qu'eut cette mesure pour Valence elle-même. Restée seule, l'École de Valence ne fut plus assez forte pour soutenir le vieux renom de l'Université dauphinoise. Les subsides royaux lui donnèrent quelque temps une vie factice, en lui permettant de s'attacher comme professeur l'illustre Cujas. Mais, lui disparu, l'enseignement cessa faute d'élèves. L'Université de Valence ne fut plus qu'un théâtre pour la ridicule comédie des grades conférés *per saltum*, une machine à improviser des examens imaginaires et des docteurs d'occasion.

A Grenoble, au contraire, une fois l'Université disparue, l'esprit universitaire subsista. Ce ne sont pas les décrets du pouvoir, c'est l'esprit qui fait les écoles, et l'esprit souffle où il veut. Les vieilles traditions grenobloises de science et de travail continuèrent donc à vivre. Ainsi, à la fin du XVIIIᵉ siècle, c'est M. Prudhomme qui nous l'apprend, les religieux de la Charité offrirent à l'intendant de rendre publique l'école de chirurgie établie dans leur hôpital et réservée jusque là aux seuls novices. L'intendant accueillit l'idée avec joie ; il offrit même aux religieux une subvention pour aider les étudiants pauvres. L'école devint très prospère ; en 1791, elle ne comptait pas moins de 83 élèves ; en 1781, on y joignit des leçons d'accouchement : l'année suivante, un cours de botanique et un jardin pour le compléter.

Quant à la constance des goûts littéraires et des délicatesses sociales, il me suffira de citer l'appréciation d'un écrivain du XVIIᵉ siècle, Le Pays, le « bouffon plaisant » dont parle quelque part Boileau. C'est un tableau charmant de l'esprit qui régnait dans la société grenobloise, à cette époque de toutes les élégances et de toutes les grâces littéraires qu'on appelle le siècle de Louis XIV. Grenoble, dit Le Pays, « est habitée par les gens du monde les plus civilisés et les plus polis. Les hommes y ont de l'adresse et de l'esprit infiniment. Les femmes y sont bien faites et, quoique montagnardes, n'ont point l'humeur ni d'ourses ni de tigresses, et l'on n'a point encore vu qu'elles aient étranglé ni déchiré personne. Au reste, quoiqu'on soit ici loin de Paris, l'humeur de Paris ne laisse pas d'y régner. On y aime la propreté, l'éclat et la magnificence. La galanterie et l'esprit y paraissent plus qu'en lieu du monde. On dit même que parmi les hommes il s'en trouve beaucoup qui écrivent admirablement en prose et en vers, et parmi les dames quelques-unes qui s'en mêlent, et plusieurs qui en connaissent la beauté et la délicatesse, etc. »

Pendant ce temps le génie du droit, ce trait caractéristique de notre province, n'était pas non plus abandonné. Le barreau et le Parlement maintenaient l'esprit de justice, qu'ils eurent parfois à manifester par des actes demeurés fameux. Quand une ville peut s'enorgueillir de noms tels que ceux des Mounier et des Barnave, il n'est pas besoin d'insister sur les leçons de science juridique, de droiture, de courage civique qu'ils avaient dû recevoir. Ces hommes de la Constituante qui devaient fonder sur des bases nouvelles un droit public entièrement nouveau, c'est à Grenoble que les meilleurs d'entre eux en avaient médité l'idée. Au reste, les traditions de l'enseignement proprement dit s'étaient conservées également, grâce surtout à l'initiative privée. Pour ne citer qu'un exemple, Berriat-Saint-Prix donnait vers 1800, d'abord à l'École centrale établie depuis 1795, puis dans sa propre demeure, des cours de législation qui étonnèrent le savant Fourcroy, à son passage dans notre ville. Lorsque, peu d'années après, en 1805, Napoléon y décrètera l'installation d'une faculté de droit, il ne fera que consacrer une tradition interrompue.

IV. — *L'Université nouvelle.*

Nous arrivons ainsi à la fondation de l'Université nouvelle.

Pour cette période, les documents sont nombreux et les faits bien étudiés. Nous n'en dirons pourtant que peu de chose ; car s'il est toujours difficile d'apprécier les faits de l'histoire contemporaine, il convient surtout de garder une prudente réserve lorsqu'on parle de personnages qui vivent encore, eux ou leurs descendants directs. Vous comprendrez donc que je me borne simplement à vous exposer, d'une manière rapide et sèche, quelques faits administratifs généraux et quelques noms bien connus, recueillis dans les statistiques de l'enseignement supérieur. Au reste, vous n'y perdrez rien, puisqu'ainsi ma conférence sera plus courte...

C'est un décret impérial du 1er septembre 1805, daté du quartier général de Braunau, dans la Haute Autriche, qui inaugure l'œuvre nouvelle en créant une Ecole de droit. En 1808, organisation de l'Université de France ; l'Ecole devient alors Faculté. En 1821, à la suite d'une échauffourée sans importance, on la supprime brutalement. Elle n'est rétablie qu'en 1824, après la mort de Louis XVIII. Les diverses chaires qu'elle comprend ont été instituées aux époques suivantes : en 1805, les trois chaires de code civil, celles de droit romain et de procédure civile ; en 1832, droit commercial ; en 1838, droit administratif ; en 1873, la seconde chaire de droit romain ; en 1875, celles de droit pénal et d'économie politique ; en 1876, un certain nombre de cours complémentaires, qui ont été remaniés depuis.

Les deux Facultés des Lettres et des Sciences sont créées par un décret du 17 mars 1808. La Faculté des Sciences ne subit aucune vicissitude importante. Les chaires sont fondées dans l'ordre suivant : en 1824, minéralogie ; en 1828, physique, chimie, zoologie ;

★ en 1876, botanique. — La Faculté des Lettres, moins heureuse, est supprimée en 1816, en même temps que l'Ecole d'artillerie, sans doute pour punir notre ville d'avoir, la première en France, ouvert ses portes à Napoléon. La Faculté n'est rétablie que le 2 avril 1847; mais elle comprend dès ce moment ses cinq chaires de philosophie, d'histoire, de littératures ancienne, française et étrangère.

Quant à l'Ecole de médecine et de pharmacie, après un premier essai en 1771, elle devient école secondaire par un décret de 1806, et école préparatoire par une ordonnance de 1841. Deux réorganisations successives, en 1866 et 1873. Voici encore les institutions de chaires : en 1831, accouchements, maladies des enfants et des femmes; en 1865, anatomie ; en 1866, physiologie, clinique interne, clinique externe ; n 1869, pathologie interne, pathologie externe ; en 1873, pharmacie et matière médicale, chimie et toxicologie, enfin thérapeutique et histoire naturelle médicale.

Des professeurs distingués ont illustré toutes ces chaires. Qu'il me suffise de citer, pour les lettres : MM. Fialon et Macé de Lépinay, les premiers initiateurs en province de ces conférences familières si répandues aujourd'hui, grâce au zèle d'Albert Dumont, qui en avait observé d'abord l'heureuse application à Grenoble ; puis, M. Paul Stapfer, M. Jules Lemaître. Pour les sciences, MM. Violle, aujourd'hui maître de conférences pour la physique à l'Ecole normale supérieure ; Valson, doyen de la Faculté libre des sciences de Lyon ; Heckel, professeur de botanique à Marseille, et bien d'autres, que mon incompétence me fait sûrement oublier.

Mais c'est sans contredit la Faculté de droit qui a

possédé le plus grand nombre de maîtres ou d'élèves
brillants. Il suffit de lire certains rapports des ins-
pecteurs généraux, de M. Giraud par exemple, pour
voir en quelle haute estime elle a été tenue à Paris.
Sans parler des vieux Grenoblois qui l'ont jadis
illustrée, — les Berriat-Saint-Prix, les Pellat, les
Burdet, les Gueymard père, — on ne trouverait guère
de professeurs, entre les maîtres de la science juridique, qui n'y aient été attachés à quelque titre. Ainsi,
parmi les professeurs actuels de la Faculté de Paris,
plusieurs ont enseigné à Grenoble : M. l'inspecteur
général Accarias ; MM. Bufnoir, Jalabert ; M. Boistel,
qui professa à Grenoble, en 1866, un cours de droit
naturel ; M. Boissonnade, qui à l'heure présente
rédige des codes au Japon. Pareillement, M. Poubelle,
préfet de la Seine, M. Humbert, vice-président du
Sénat, M. Naquet, procureur général à Aix, ont
enseigné le droit dans notre école. Quant aux simples
élèves de la Faculté qui se sont fait remarquer dans
la suite, il faudrait pour vous les citer rédiger tout un
catalogue ; permettez-moi de rappeler seulement
l'éminent magistrat qui est aujourd'hui à la tête de
notre parquet général, je veux dire M. Eloy Duboin.
J'ai dans l'esprit bien d'autres noms que je voudrais
prononcer ; je ne le puis, car les professeurs, anciens
élèves de l'Ecole de Grenoble, auxquels je songe en
ce moment-ci, assistent à cette conférence, et il ne
convient pas qu'un étudiant vienne dire en face à ses
maîtres tout le bien qu'il a le droit d'en penser...

Mais je n'abandonnerai pas cette revue de nos
gloires universitaires sans une dernière observation.
N'est-il pas curieux de remarquer que, lorsque l'Etat
a voulu fonder des Facultés de droit nouvelles, c'est
presque toujours parmi les professeurs de Grenoble

qu'il en a choisi les doyens? Notre Ecole, semblable
à une ruche féconde, s'est ainsi bien des fois divisée
en petits groupes qui allaient par toute la France
former de nouveaux essaims. C'est de l'Ecole de Grenoble que sont partis le premier doyen de Bordeaux,
M. Couraud ; celui de Montpellier, M. Vigié ; celui de
Lyon, M. Caillemer, dont les premiers travaux sur le
droit grec ont vu le jour dans notre ville. Aussi,
quand j'entends annoncer qu'une Université rivale,
sortie du sein de l'Université de Grenoble, fondée par
des professeurs grenoblois, semble vouloir aujour-
d'hui nous étouffer en nous attirant à elle et nous
détruire en nous absorbant, je pense involontaire-
ment, permettez-moi de le dire, à ces jeunes enfants
dont parle finement La Bruyère, à « ces enfants drus
et forts d'un bon lait qu'ils ont sucé, — et qui battent
leur nourrice !... »

Conclusion.

La conclusion de tout ceci, c'est que nous appar-
tenons à une belle Université, à une Université vaillante, et dont vraiment nous pouvons être fiers ! Or,
une telle institution ne doit pas, ne peut pas périr,
comme on l'en a parfois menacée, simplement parce
qu'il plaira à certains esprits économes d'essayer
quelque expérience nouvelle sur l'effet des remanie-
ments régionaux. Voici d'ailleurs une page d'Albert
Dumont qu'il est bon de relire à l'heure présente ; je
la choisis dans le discours qu'il prononça le 8 décem-
bre 1879, le jour où nos Facultés quittèrent leur
demeure primitive, cet ancien couvent transformé en
une halle aux farines, pour venir prendre possession
du Palais qu'elles occupent aujourd'hui. « Nous ne

croyons pas, disait Albert Dumont, aux théories qui
voudraient réduire le nombre des centres universitaires. Pour proposer un tel projet, il faut avoir peu
de souci de la dignité nationale, car, tel qu'il est
aujourd'hui, notre enseignement supérieur, donné
dans quinze académies, n'est pas si riche et si nombreux que l'activité des pays voisins lui soit inférieure.
Avant de déclarer que la France ne peut pas suffire
à la tâche que d'autres nations portent légèrement,
avant de nous résigner à un rôle si humble, il faudrait s'être bien assuré qu'une nécessité sans merci
nous y condamne. Le pays n'est pas de cette opinion ;
l'Etat ne se reconnaît pas le droit d'être plus modeste
en ses ambitions que le pays. — Il n'y a pas de
petites Facultés ! Les grandes villes ont des avantages, les villes plus calmes en ont d'autres ; et dans
cette heureuse diversité, chacune, au lieu d'envier ce
qui lui manque, doit profiter des bienfaits qui lui sont
assurés. Des centaines d'élèves sont pour le professeur une foule qu'il ne connaît pas ; son cours une
fois fini, il ne voit plus ses auditeurs. Ici, ce n'est pas
seulement la leçon *ex cathedrâ* qui est un profit de
tous les jours, ce sont ces entretiens où les conseils
les plus particuliers attachent autant l'élève que le
maître, et leur profitent également, etc. » *Il n'y a
pas de petites Facultés!* Retenons cette parole ; elle
résume admirablement nos communes pensées et
nos communes espérances. Aussi bien est-ce l'idée
qui éclate partout dans les annales de l'Université de
Grenoble, et je n'ai pas voulu vous démontrer autre
chose en vous les exposant ce soir.

Ma tâche est donc finie, Messieurs, et je devrais ce
semble m'arrêter sur cette conclusion naturelle. Cependant, puisque nous sommes tous réunis ici, entre

amis de l'Université de Grenoble, je ne puis résister
au désir de soumettre à votre appréciation quelques
idées, quelques projets pratiques que vous pourrez
plus tard mettre en œuvre s'ils vous paraissent bons
à adopter.

Voici d'abord une première pensée : — Plusieurs
d'entre nous arrivent au terme de leurs études ; dans
quelques années, dans quelques semaines peut-être
nous allons nous séparer. Avocats, magistrats, professeurs, médecins, nous nous disperserons aux
quatre vents du ciel, avec bien des chances pour que
dans la suite nous nous perdions mutuellement de
vue, et pour que les bonnes relations d'amitié que
nous avons commencées ensemble viennent bientôt à
disparaître. Or ne serait-il pas doux au contraire de
pouvoir toujours rester unis ? Ne serait-il pas charmant plus tard, lorsque nous arriverons à l'âge où
l'on aime tant à causer avec ses amis de jeunesse,
quand nous aurons été bien « aplatis » par la vie,
selon la belle expression d'Aristote, — et, avec l'a-
charnement actuel de la bataille pour l'existence,
avec l'encombrement des carrières, surtout avec la
crise sociale et européenne qui s'accentue chaque
année, soyez certains que d'ici à peu de temps, il y en
aura, des gens aplatis ! — eh bien ! ne serait-il pas
charmant que, lorsque cette heure inévitable sera
arrivée, nous ayons tous sous la main le moyen de
nous retrouver infailliblement, à périodes fixes, chaque année par exemple, pour nous ragaillardir un peu
en nous rapprochant les uns des autres et en causant,
entre camarades, de l'heureuse époque où nous étions
étudiants aux Facultés de Grenoble ? Mais où peut
être ce moyen ? Evidemment, dans l'association ! On
parle beaucoup d'association, à cette heure, et certes

on a bien raison. Car tout doit être, tout est association en ce monde, depuis les coraux imperceptibles qui travaillent au fond des mers jusqu'aux plus hautes sociétés humaines. Eh bien! Ne craignons pas d'établir encore une association de plus, et, comme complément naturel de notre Association des étudiants, fondons une *Association des anciens élèves de l'Université de Grenoble*. Je vous soumets cette idée; je la crois bonne. Vous en ferez ce qu'il vous plaira.

Autre proposition : — L'an dernier, nos voisins les Lyonnais publiaient un ouvrage qui eut un certain retentissement. Dans ce livre, les professeurs des diverses Facultés, aidés je crois de quelques étudiants, avaient assemblé des travaux personnels sur les matières les plus variées, le tout groupé sous le titre commun et dans l'unité supérieure de l'*Université de Lyon*. Ne pourrions-nous pas, nous aussi, prier nos professeurs, qui certes ne seraient nullement embarrassés pour répondre à ce vœu de leurs élèves, de vouloir bien écrire à leur tour le livre d'or de l'*Université de Grenoble* (1) ?

Enfin, dernière idée, infiniment moins importante, mais qui a son intérêt actuel. Celle-là, c'est M. Edmond Maignien, l'aimable conservateur de la bibliothèque de la ville, qui me l'a soufflée obligeamment. Nous venons d'adopter, comme coiffure distinctive, le vieux béret de nos anciens. C'est une mode pittoresque. Qui la raille n'est pas artiste ! Mais remarquez-le bien, les étudiants du moyen-âge ne se contentaient pas d'un chapeau uniforme pour toutes les Universités de France. Chaque corporation, chaque école avait son

---

(1) La publication d'*Annales* de l'Université de Grenoble vient en effet d'être décidée.

emblème et son signe, par exemple une vierge, un saint. Je ne vous conseillerai certes point d'adopter ces pieux insignes. Mais ne pourrions-nous pas ajouter sur le velours de nos bérets, par exemple en broderie argentée, le dauphin traditionnel ? Ce serait encore un moyen de distinguer toujours et partout les étudiants de l'Université de Grenoble !

Mais c'est assez causer... Je termine en vous remerciant de l'attention bienveillante que vous m'avez si aimablement prêtée. Si cette conférence a été peut-être un peu longue, vous m'excuserez en songeant combien on s'attarde volontiers à parler des choses que l'on aime, des institutions pour lesquelles on a un sentiment sincère de reconnaissance et d'attachement. Ce sentiment, je suis heureux de l'affirmer une fois de plus au nom de tous, en souhaitant vie et prospérité à notre vieille Université de Grenoble, et je le résumerai pour finir dans cette belle exclamation latine que j'entendais pousser tout récemment par les étudiants de Genève :

Vivat Academia, vivant professores !
Vivat membrum quolibet !
Vivant membra quælibet !
Semper sint in flore !

www.ingramcontent.com/pod-product-compliance
Lightning Source LLC
Chambersburg PA
CBHW060756280326
41934CB00010B/2503